Emperor of the French Napoleon III

Geschichte Julius Cäsars - Atlas

Emperor of the French Napoleon III

Geschichte Julius Cäsars - Atlas

ISBN/EAN: 9783743680890

Hergestellt in Europa, USA, Kanada, Australien, Japan

Cover: Foto ©ninafisch / pixelio.de

Weitere Bücher finden Sie auf **www.hansebooks.com**

Geschichte Julius Cäsars.

ATLAS

(Karten zum ersten Theil).

Wien 1865.
Verlag von Carl Gerold's Sohn.
Paris.   Leipzig.
Henri Plon.   A. Käffel.
Berlin.
Ferd. Dümmler's Verlagsbuchhandlung.
Harrwitz und Gossmann.

EINZELPLÄNE ZU DEN RÖMISCHEN ARBEITEN VOR UXELLODUNUM.

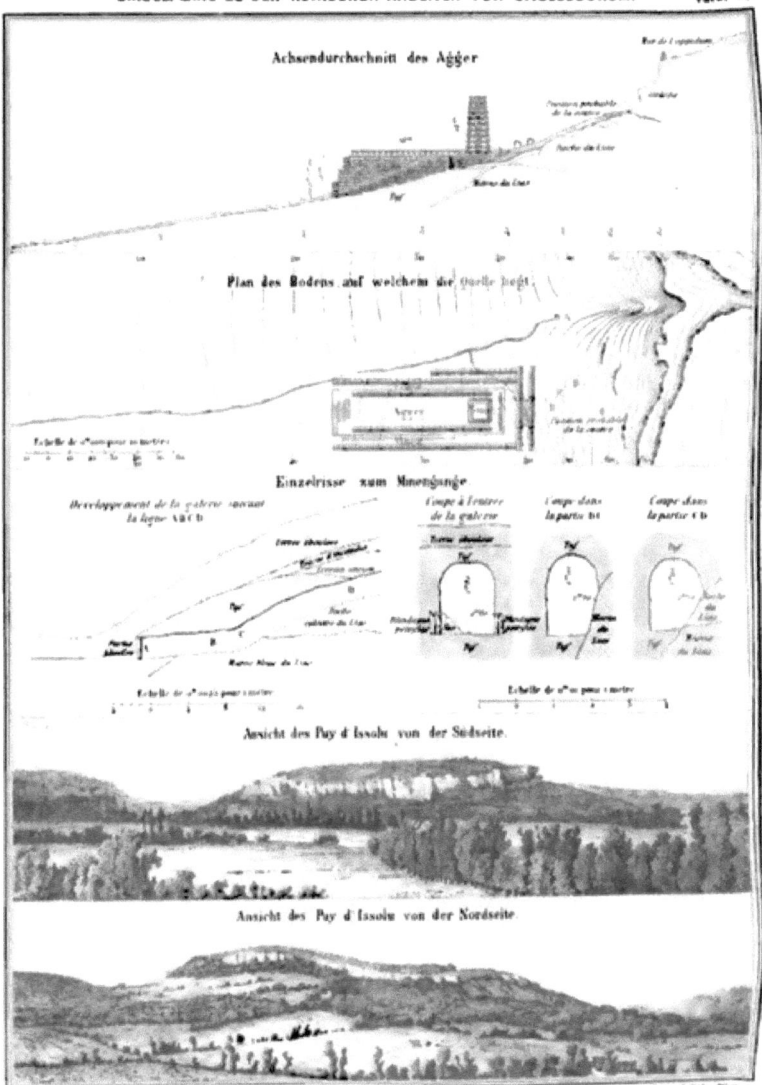

PLAN VON UXELLODUNUM.

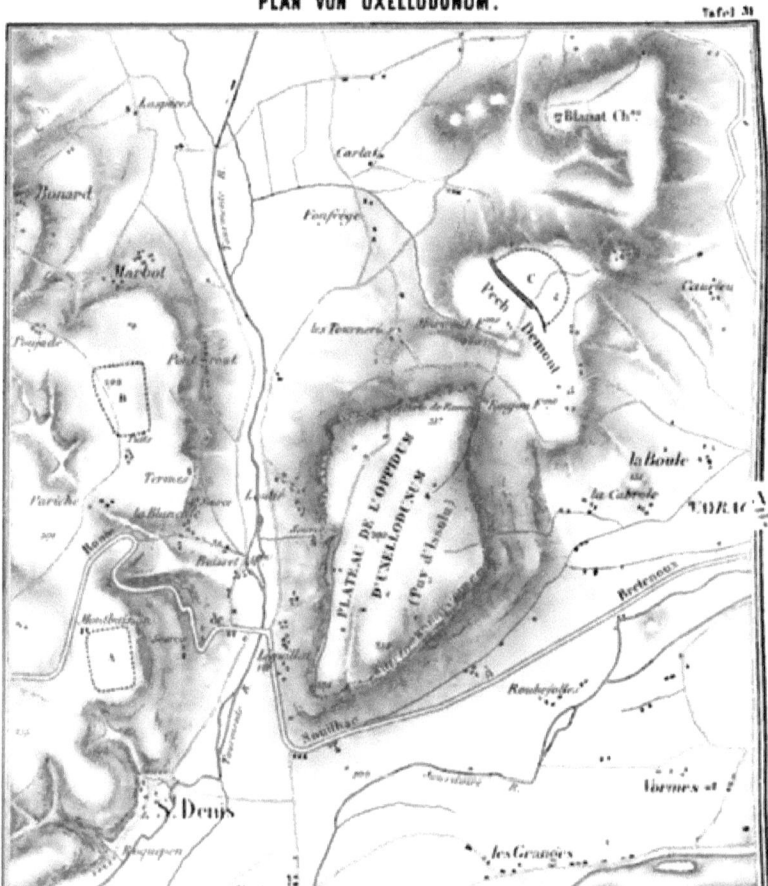

LAGER CÄSARS AUF DEM BERGE SAINT PIERRE.

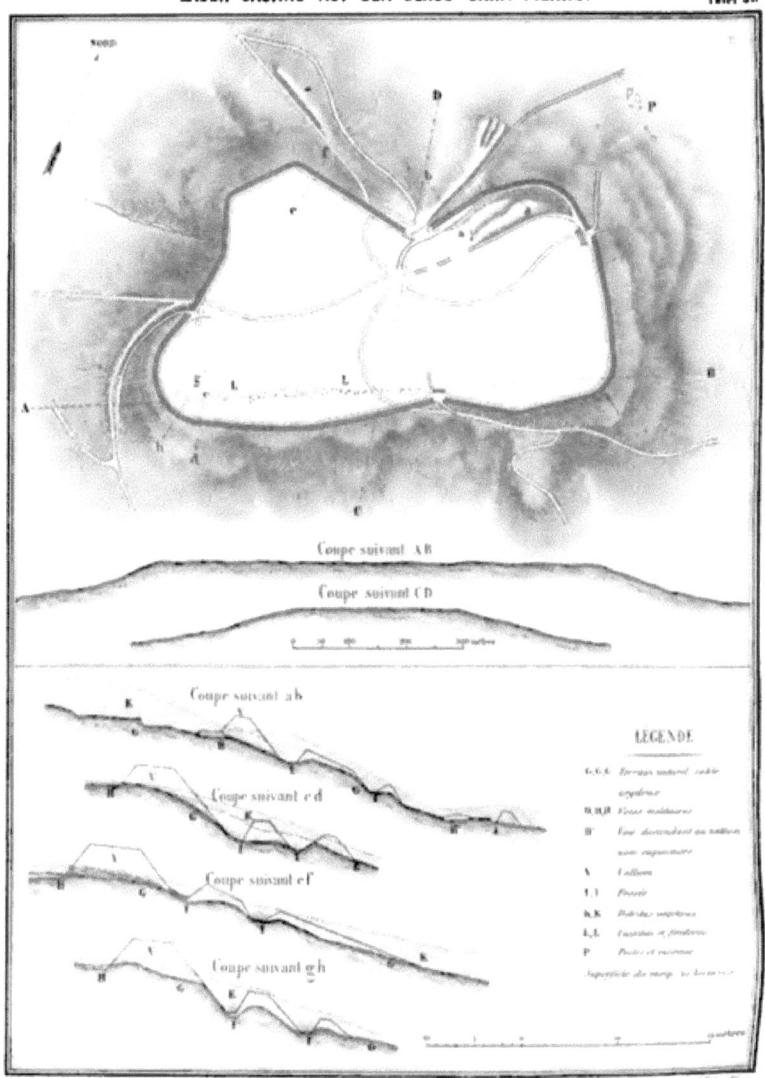

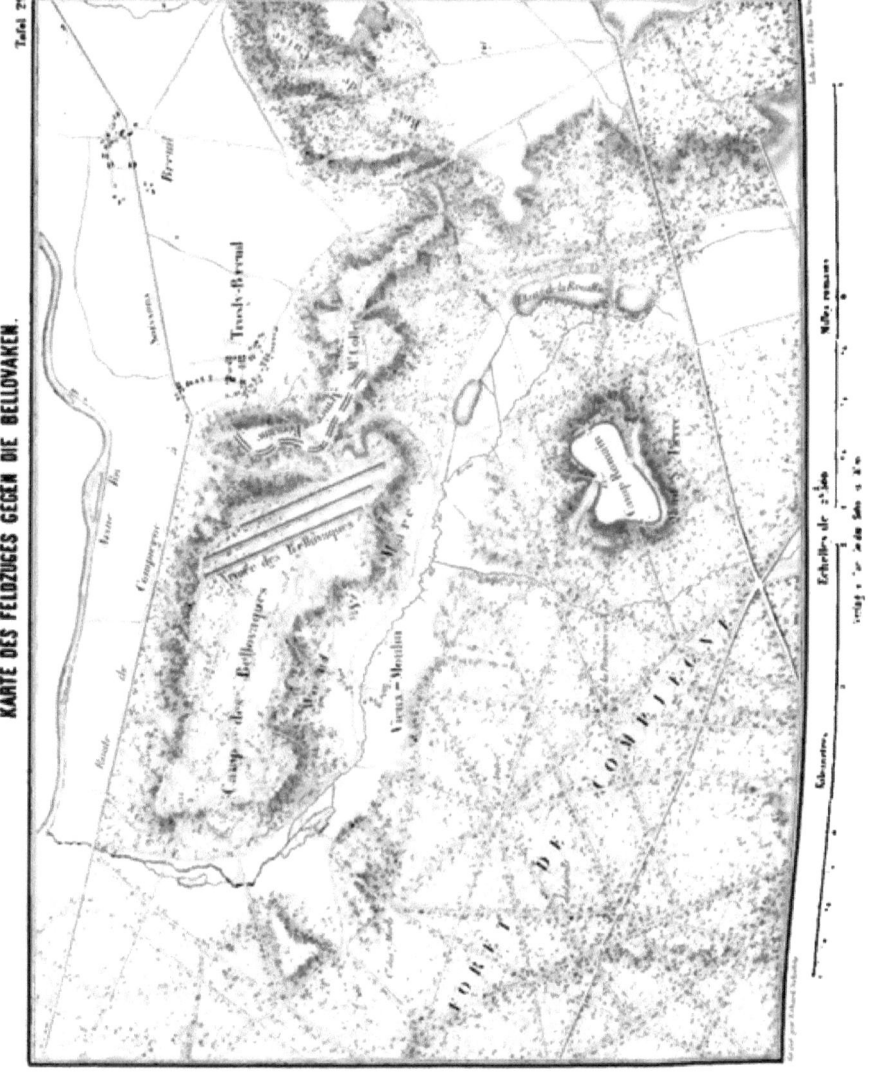

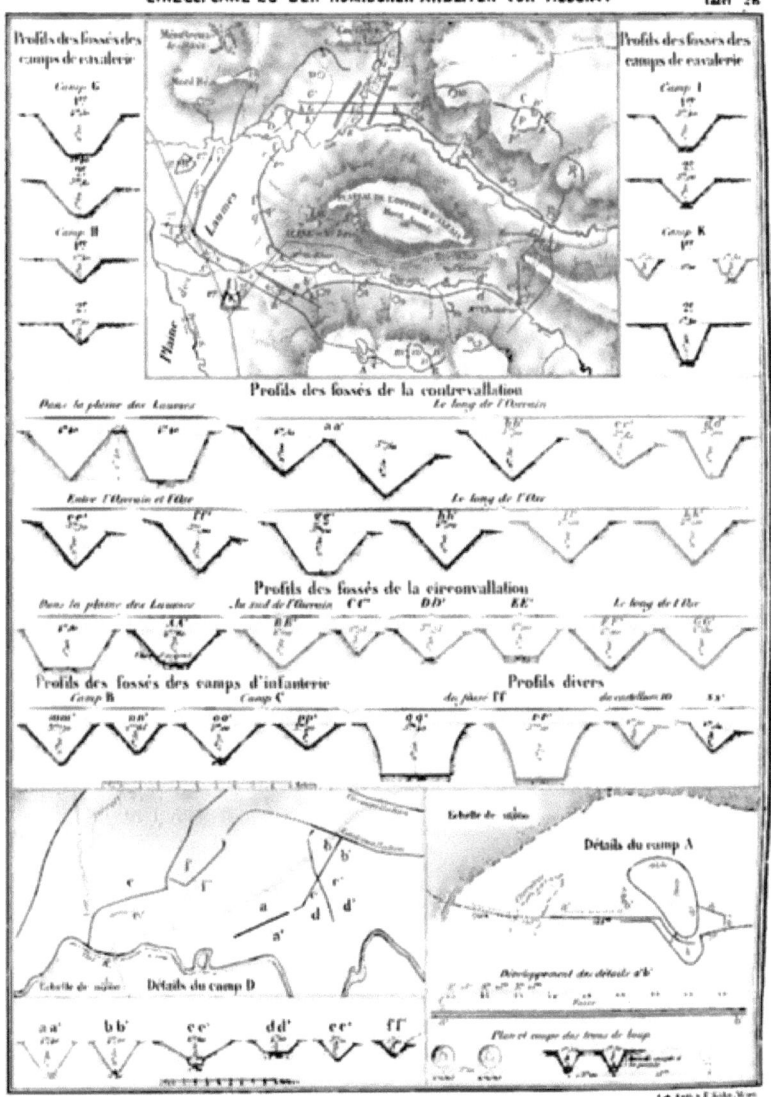

EINZELPLÄNE ZU DEN RÖMISCHEN ARBEITEN VOR ALESIA.

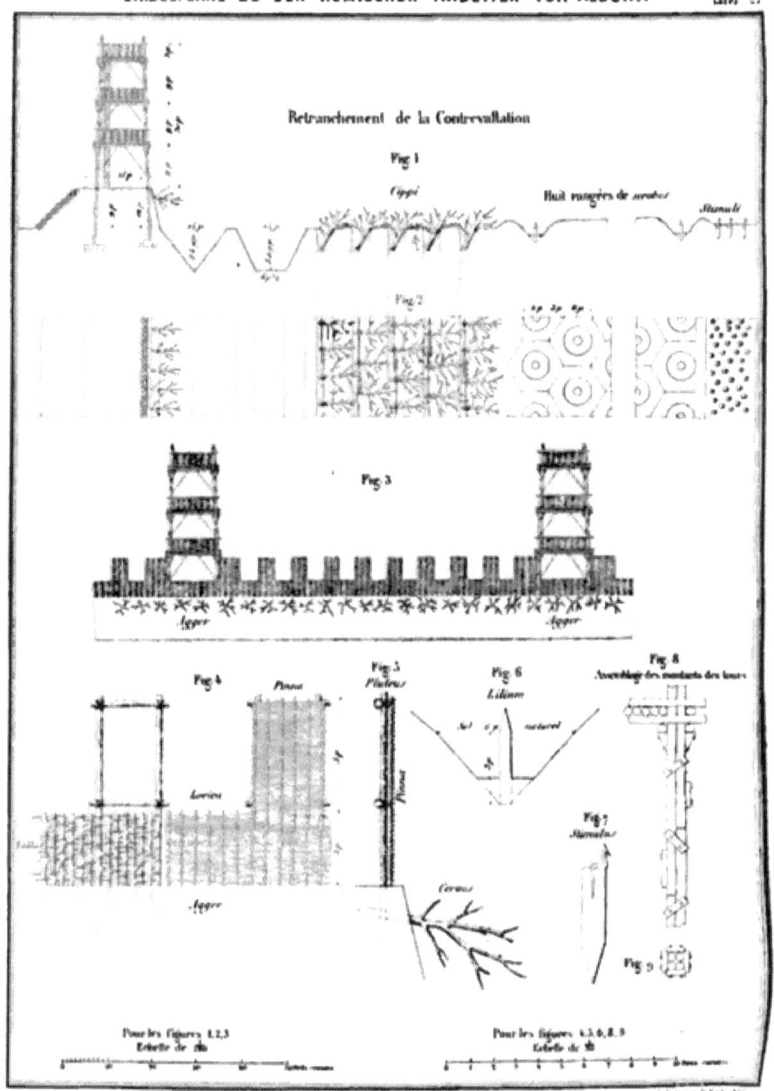

ANSICHTEN DES BERGES AUXOIS.

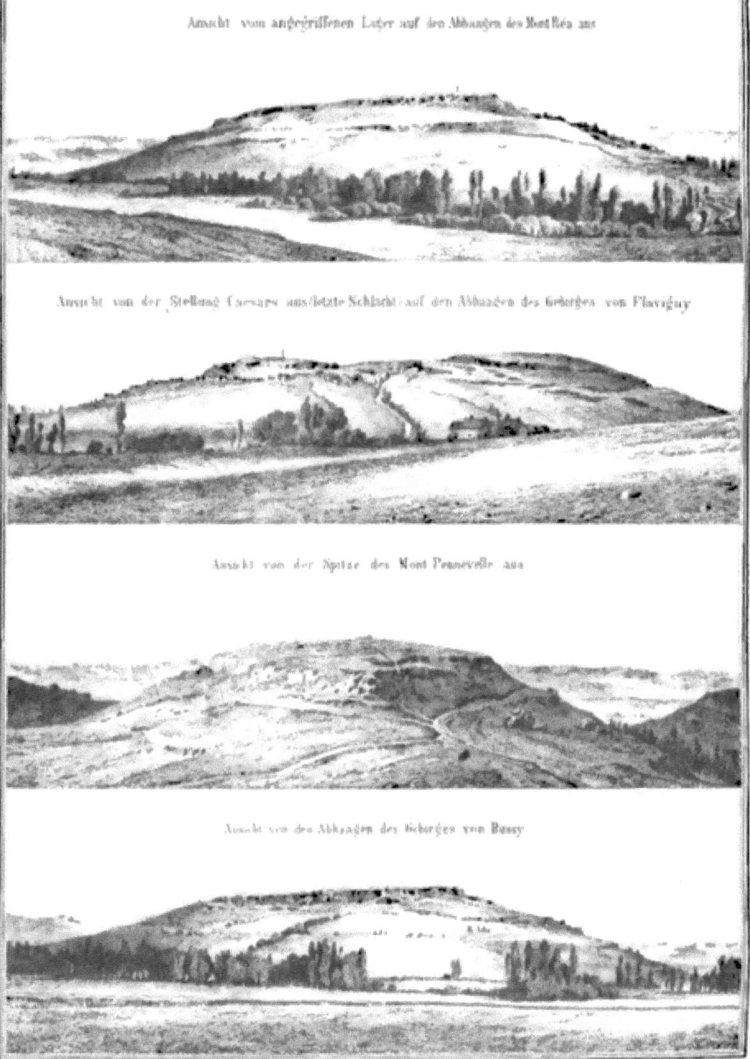

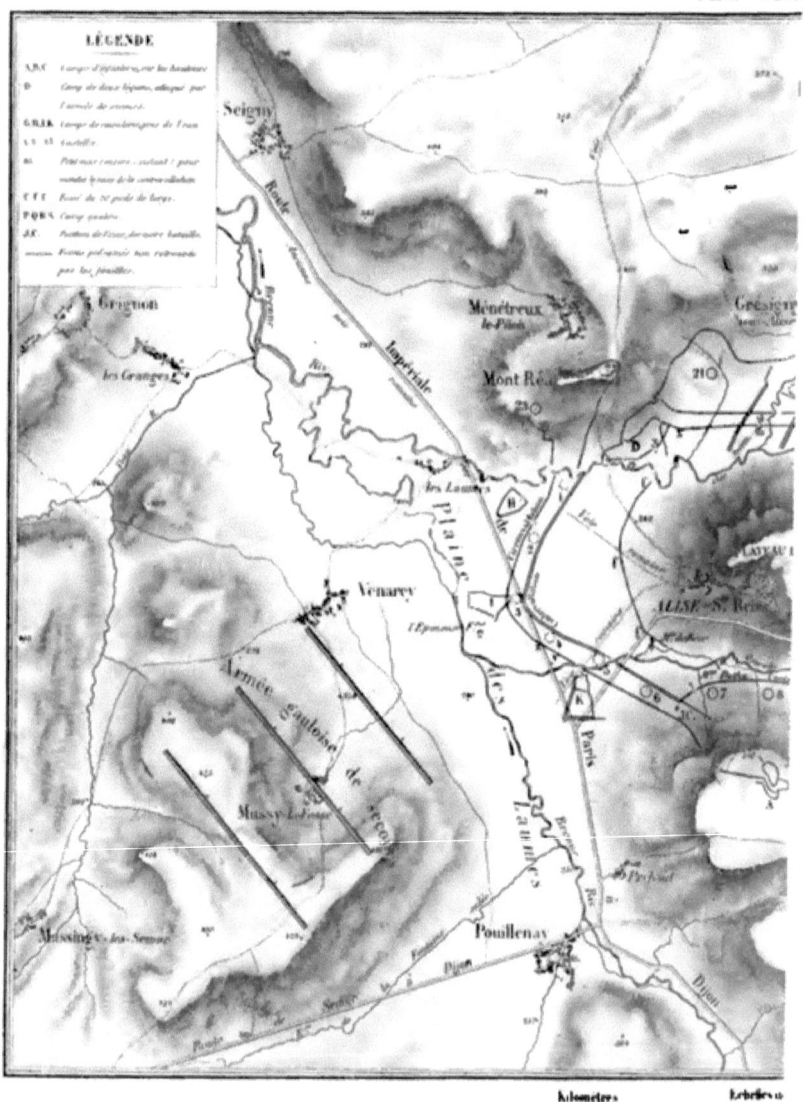

I. ALESIA. Tafel 25

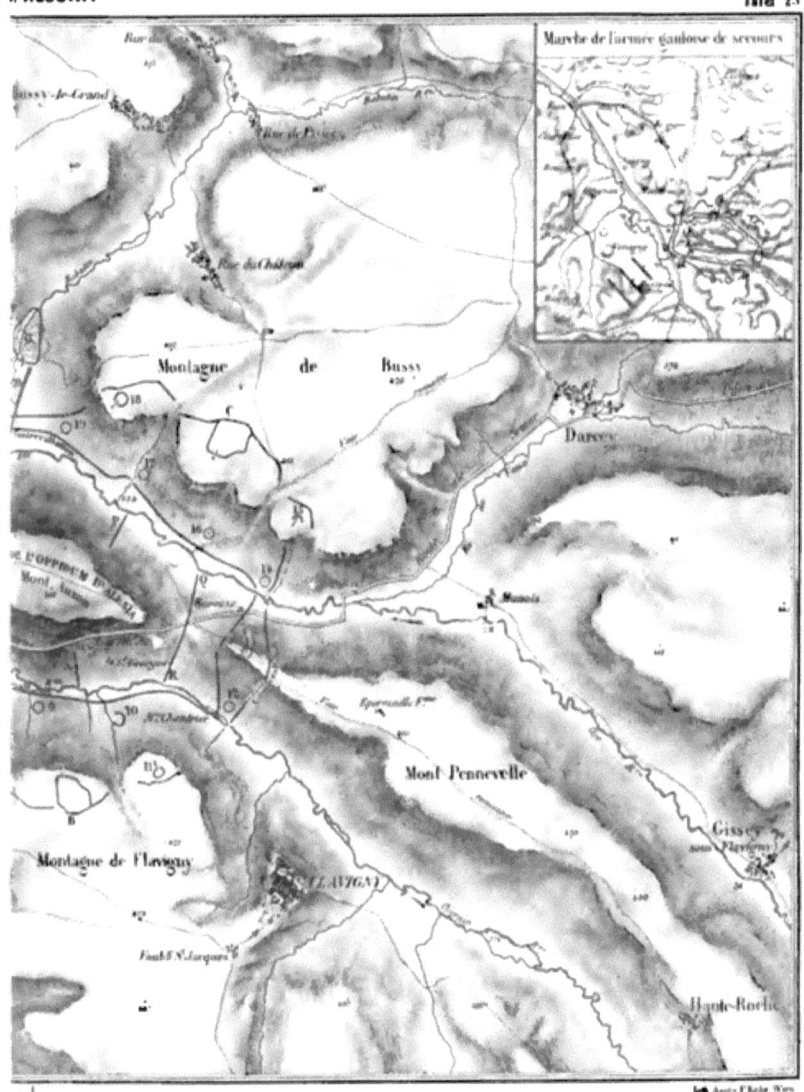

PLAN DES SCHLACHTFELDES AN DER VINGEANNE.

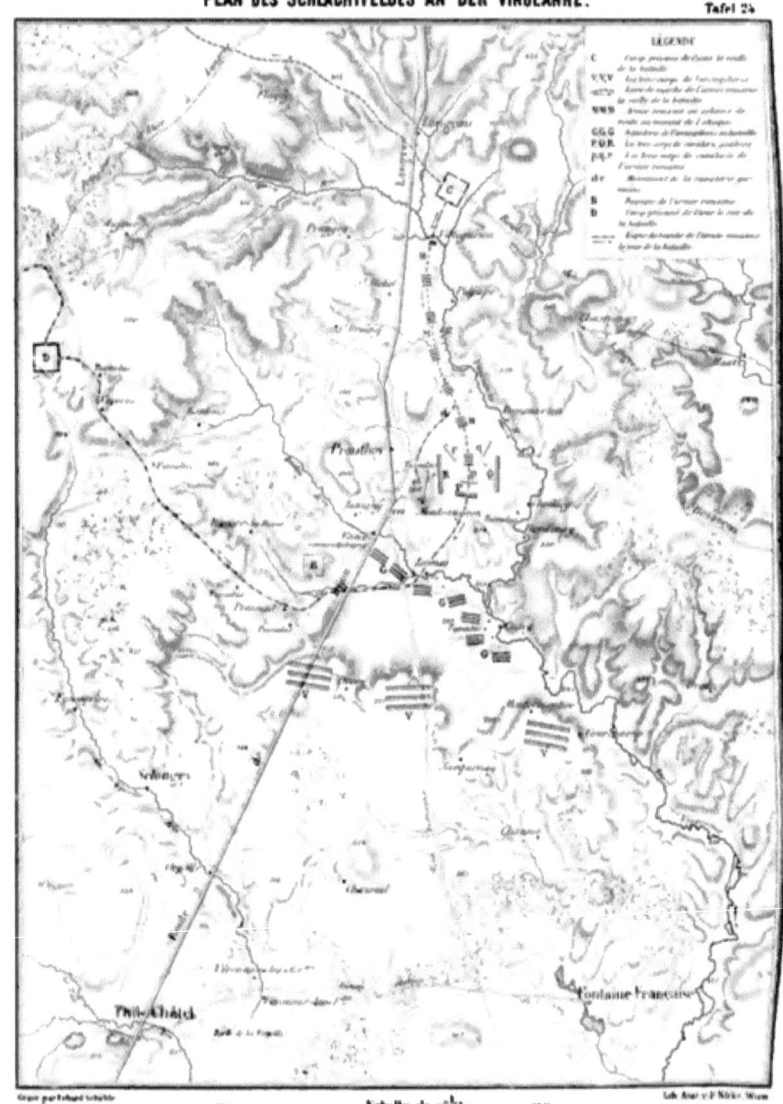

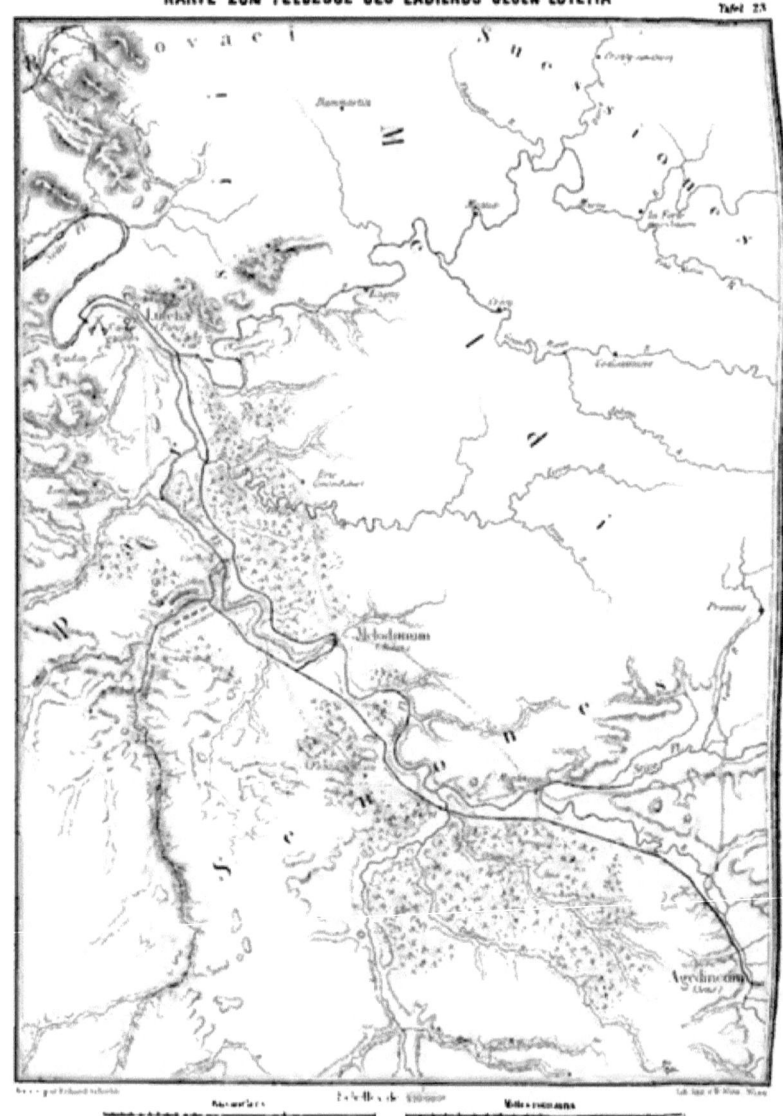
KARTE ZUM FELDZUGE DES LABIENUS GEGEN LUTETIA

LAGERPLÄTZE CÄSARS VOR GERGOVIA

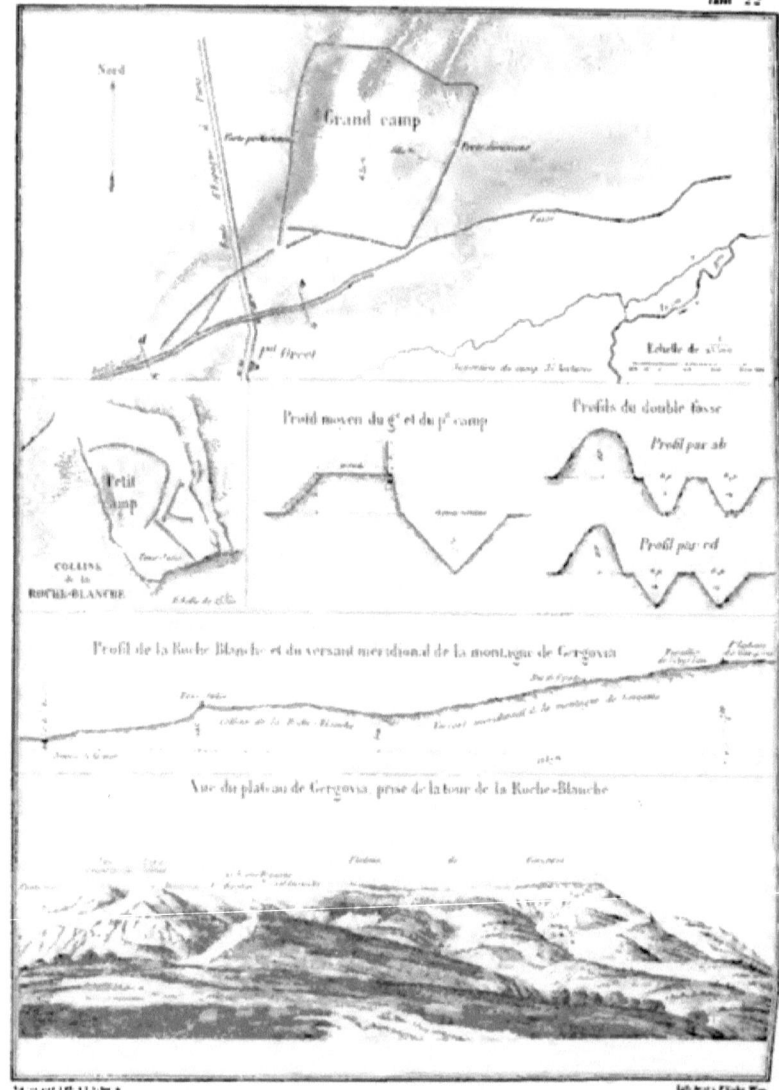

GERGOVIA.

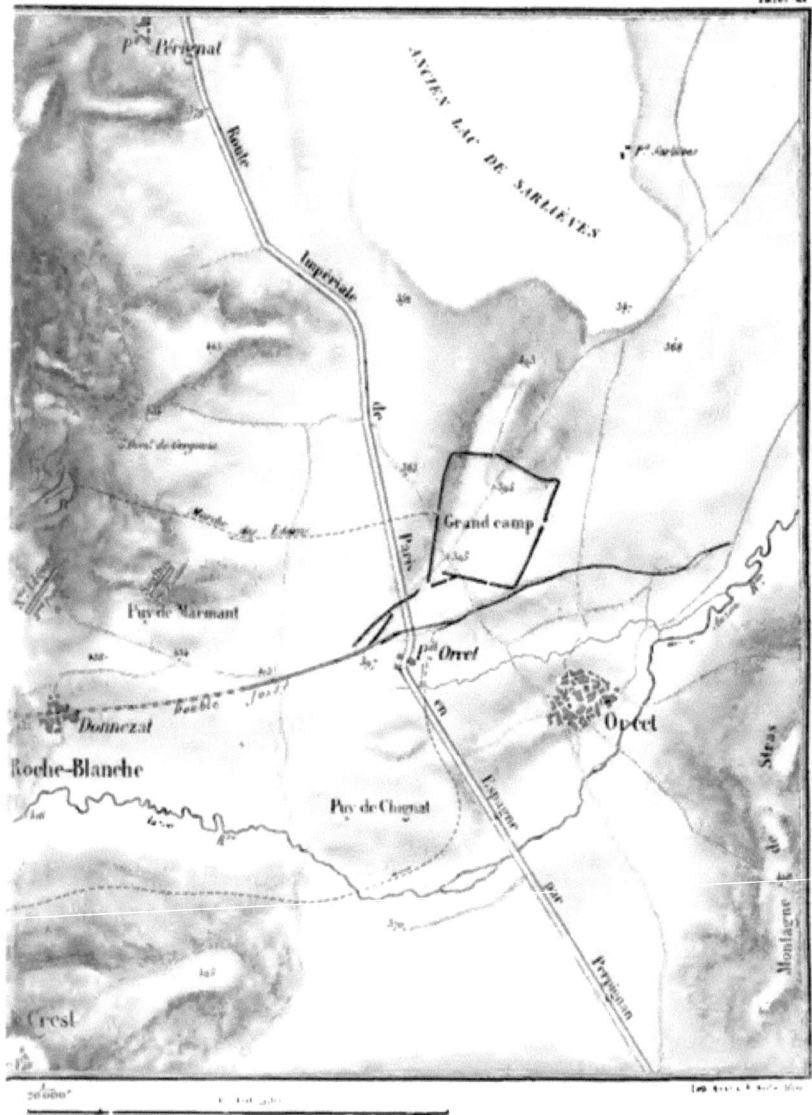

PLAN VON AVARICUM.

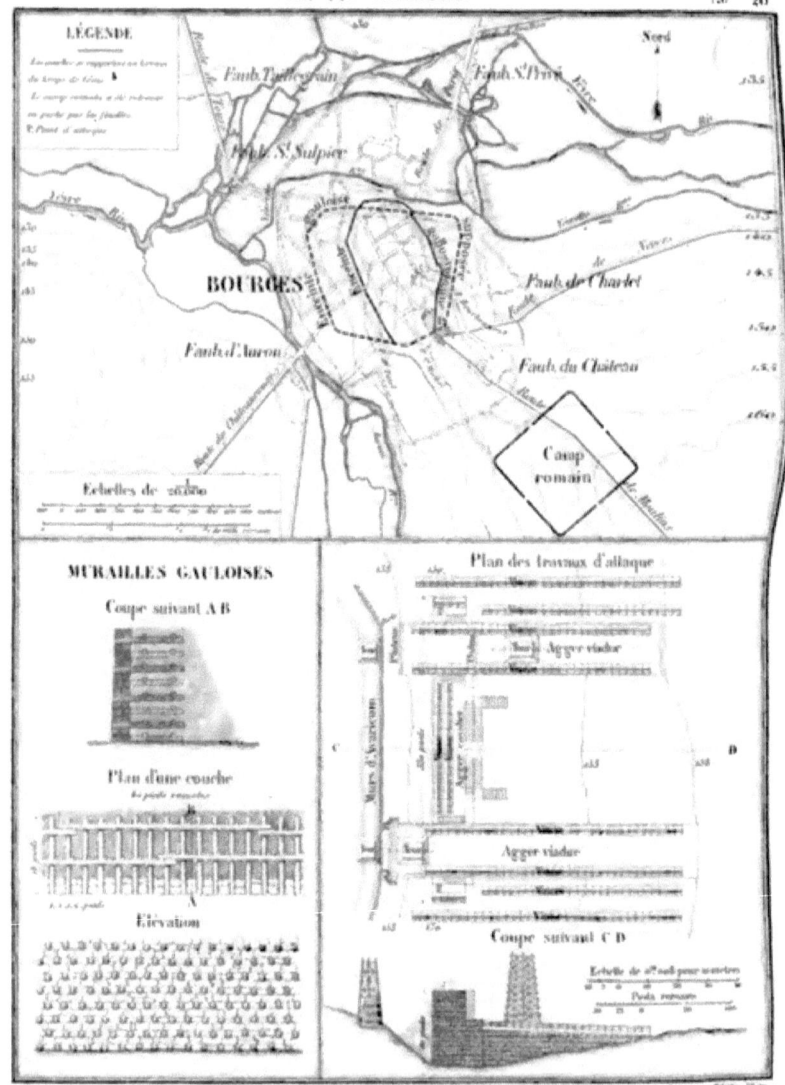

ÜBERSICHTSKARTE DES FELDZUGES VOM JAHRE 702

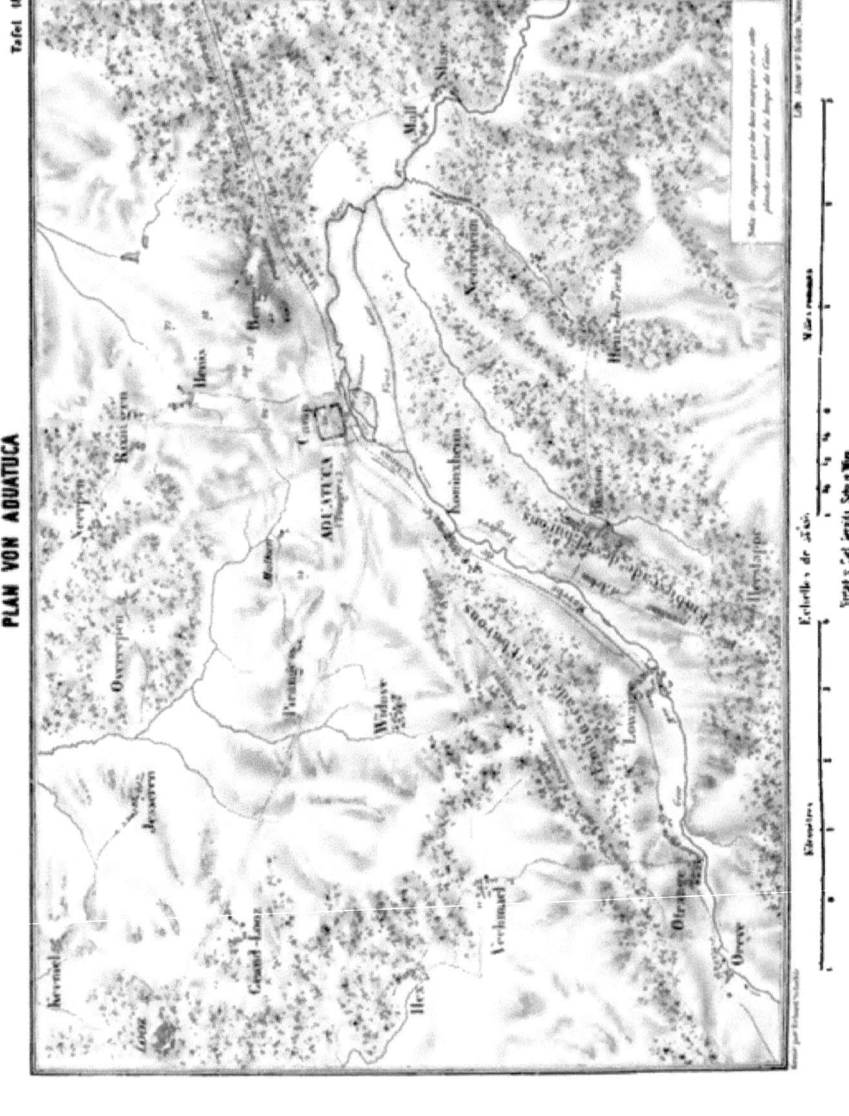

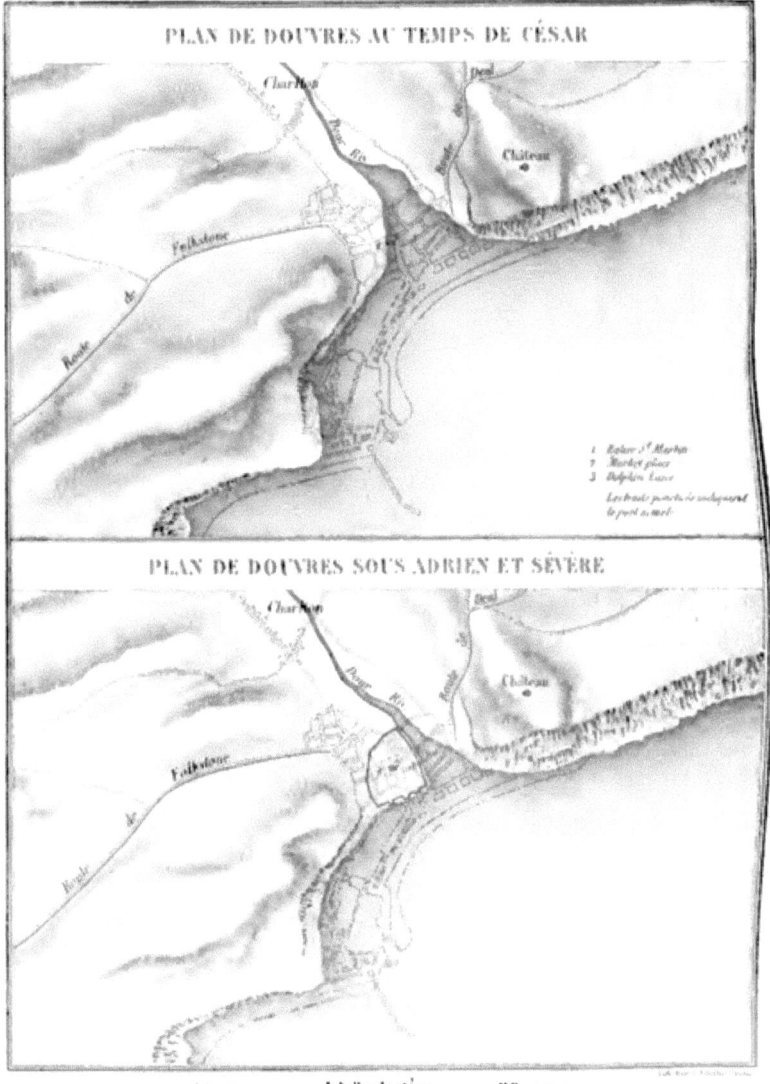

KARTE VON BRITANNIEN ZU BEIDEN FELDZÜGEN.

Tafel 16

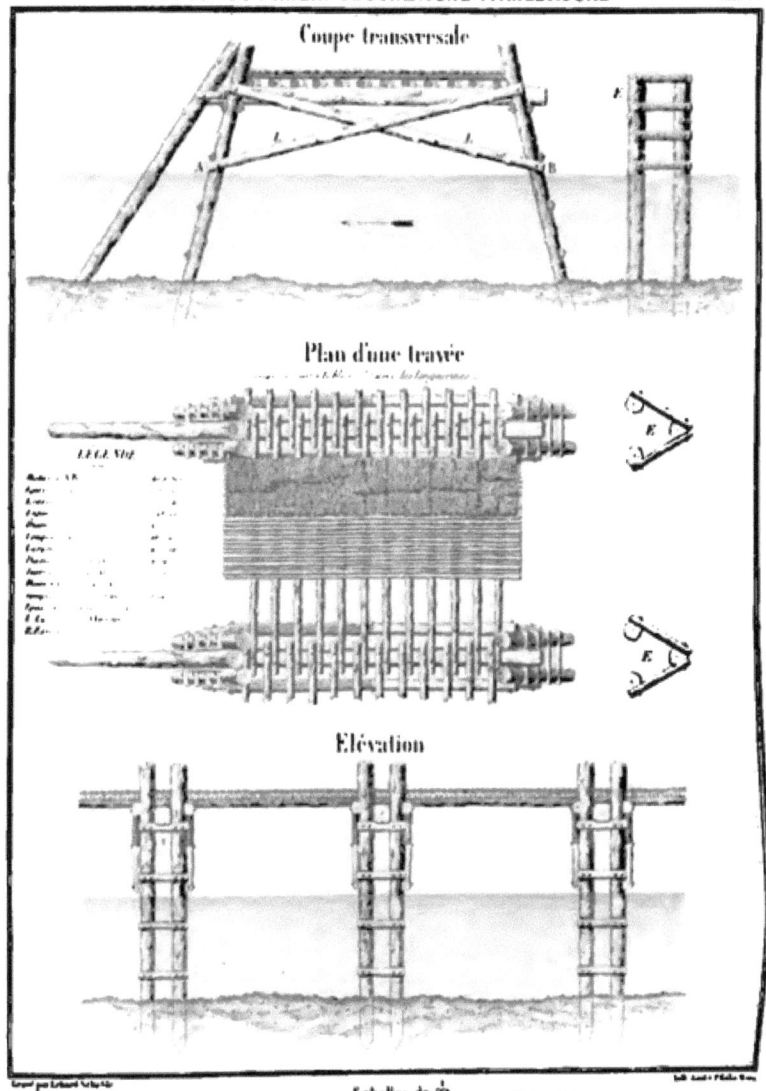

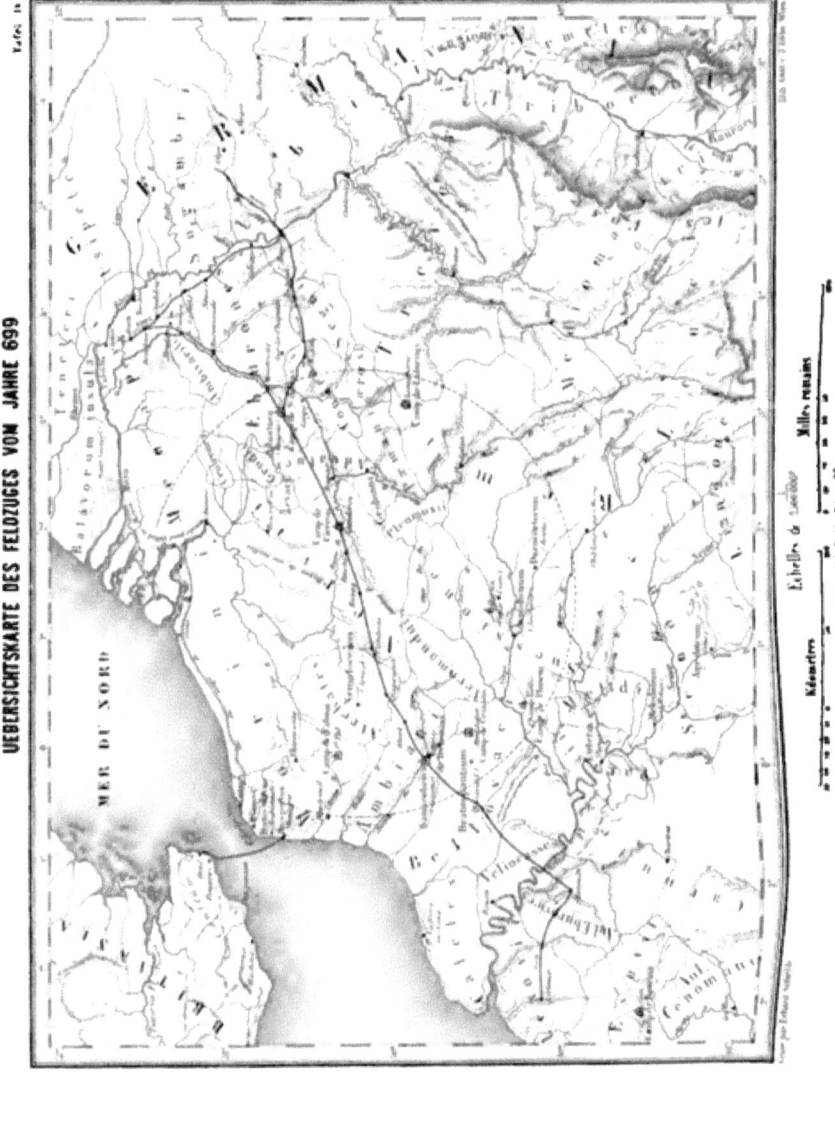

ZUG DES SABIENUS GEGEN DIE UNELLER.

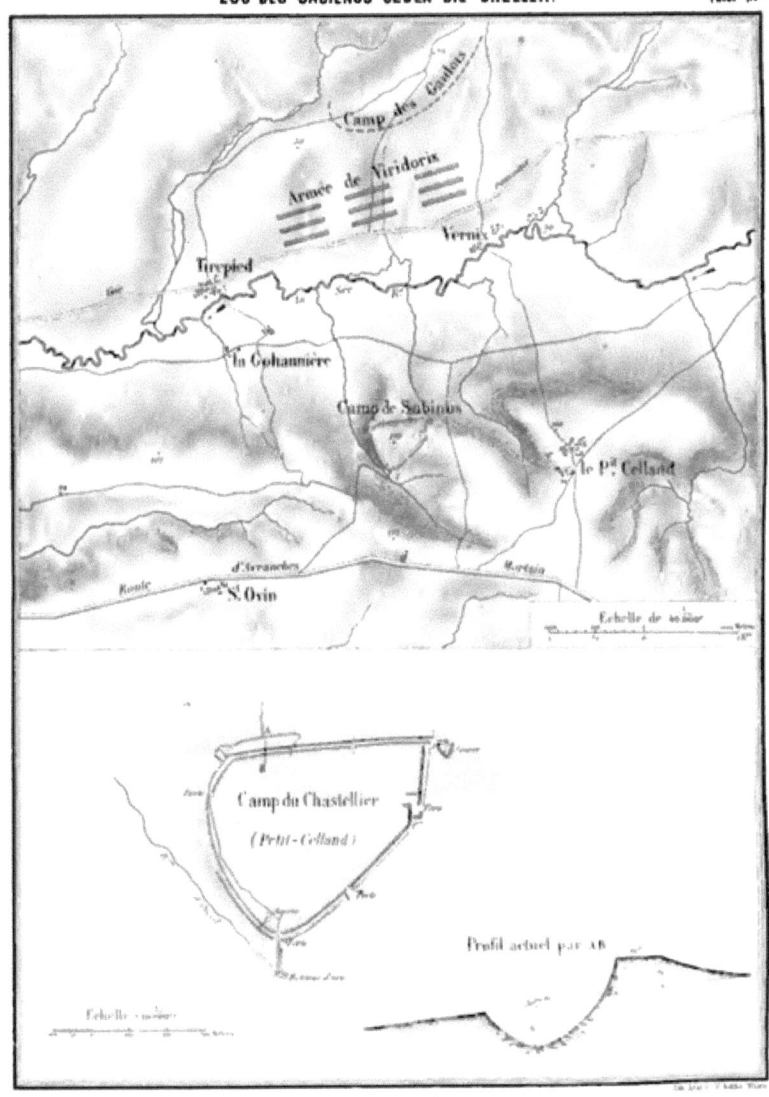

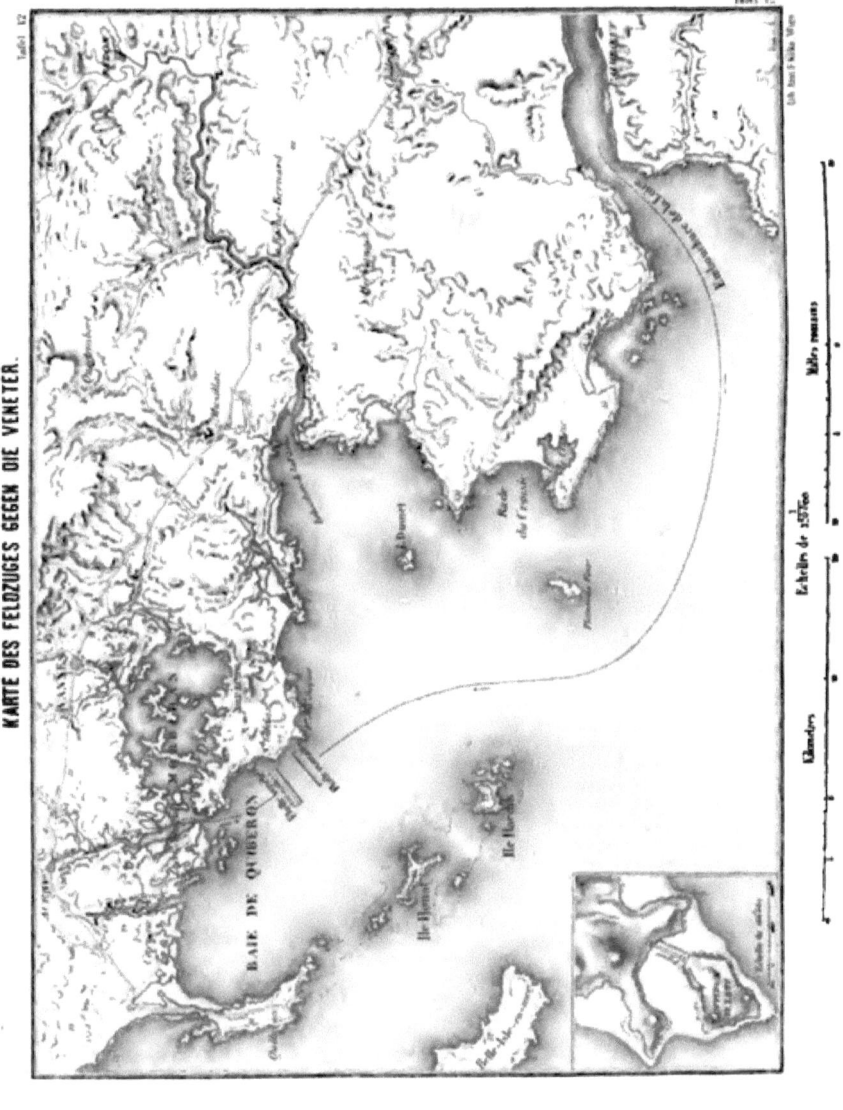

PLAN DES OPPIDUMS DER ADUATUKER.

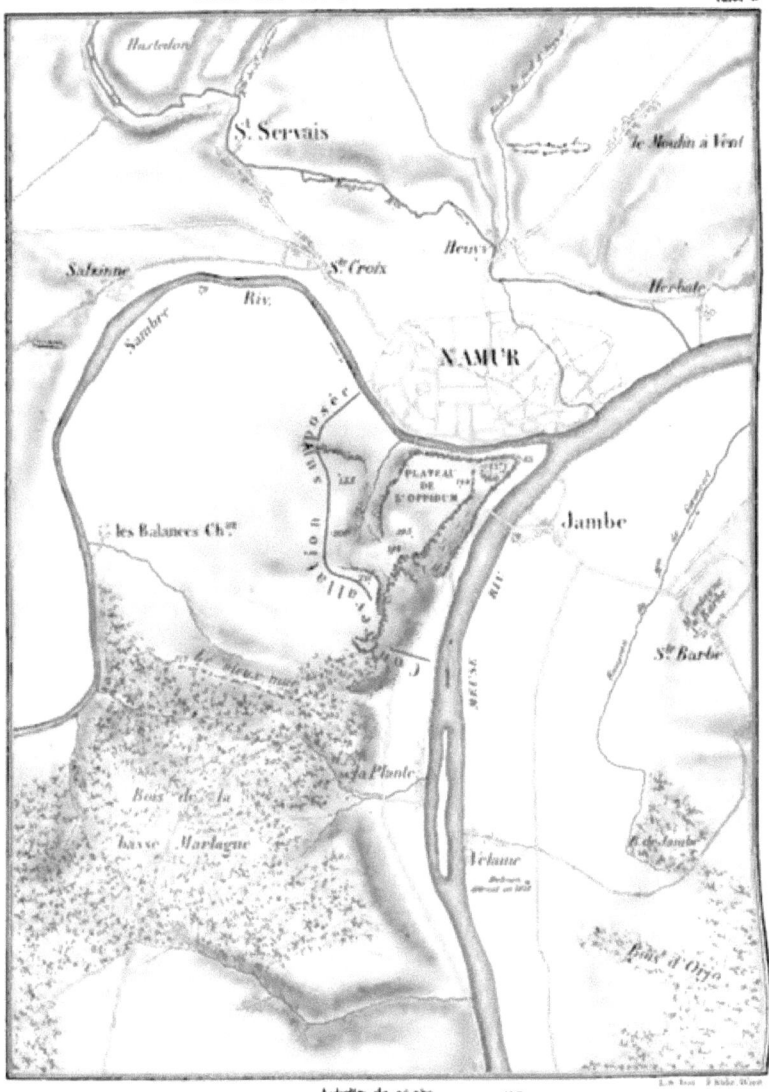

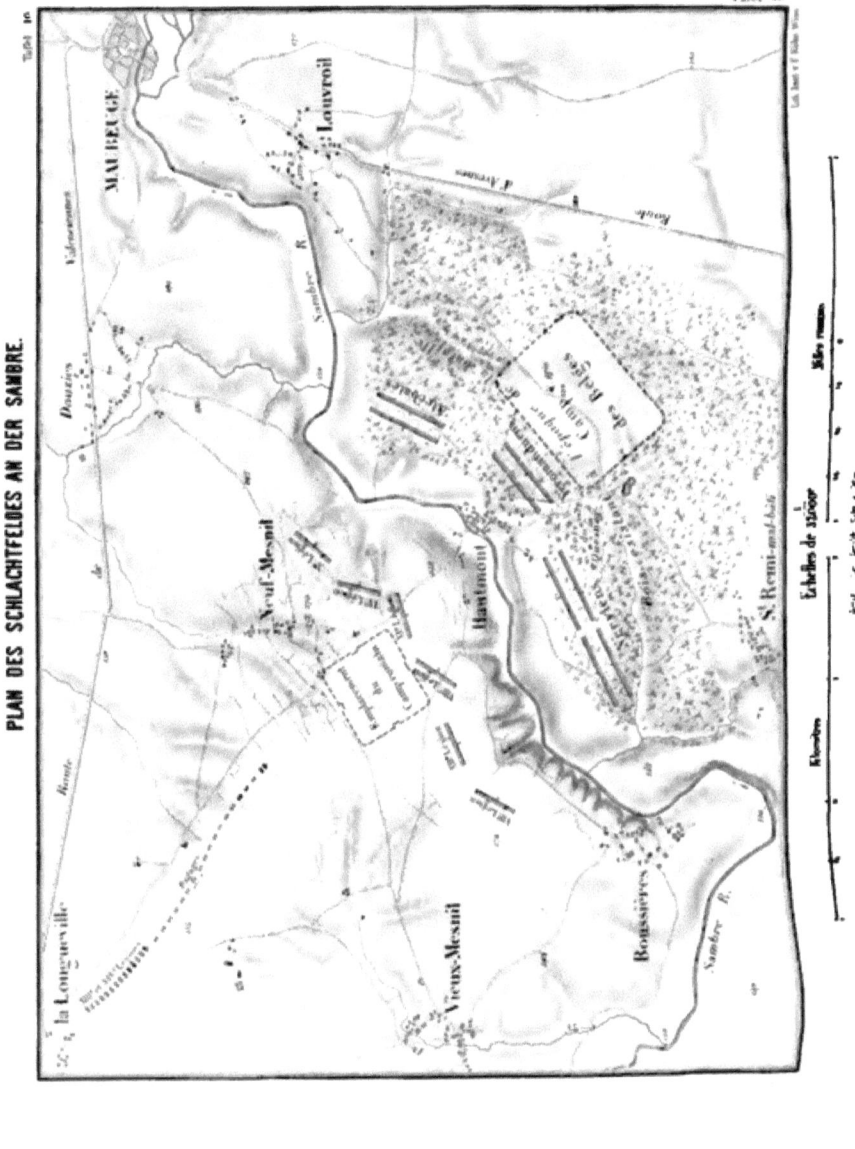

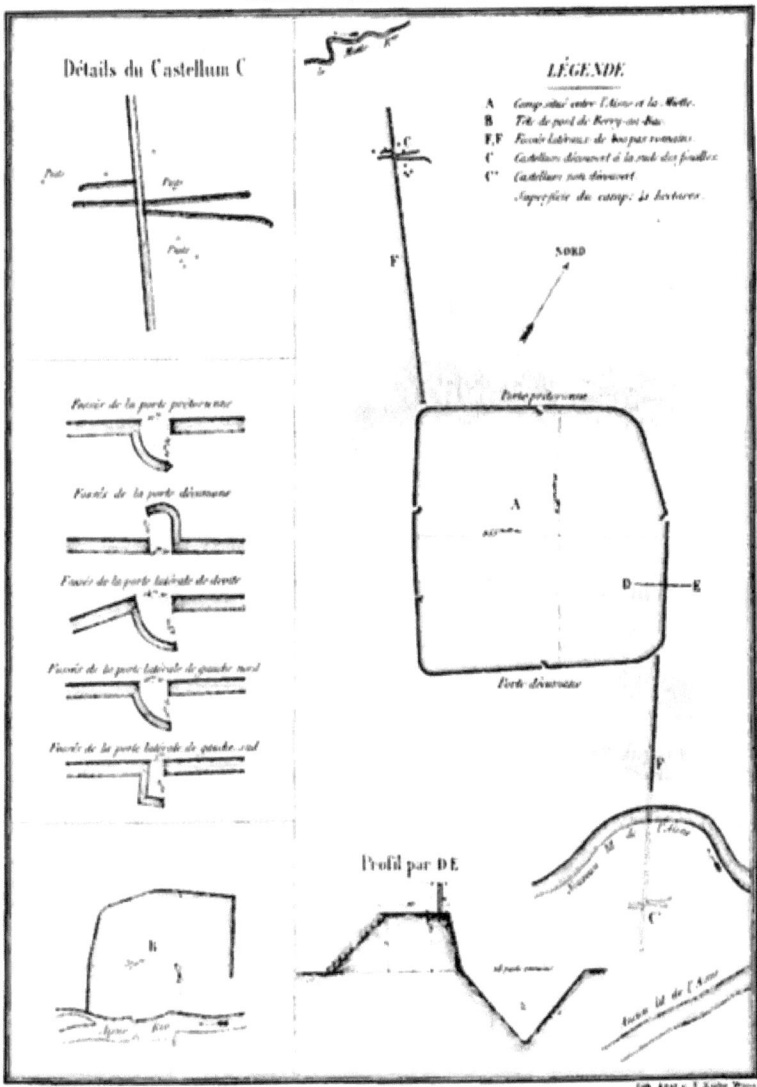

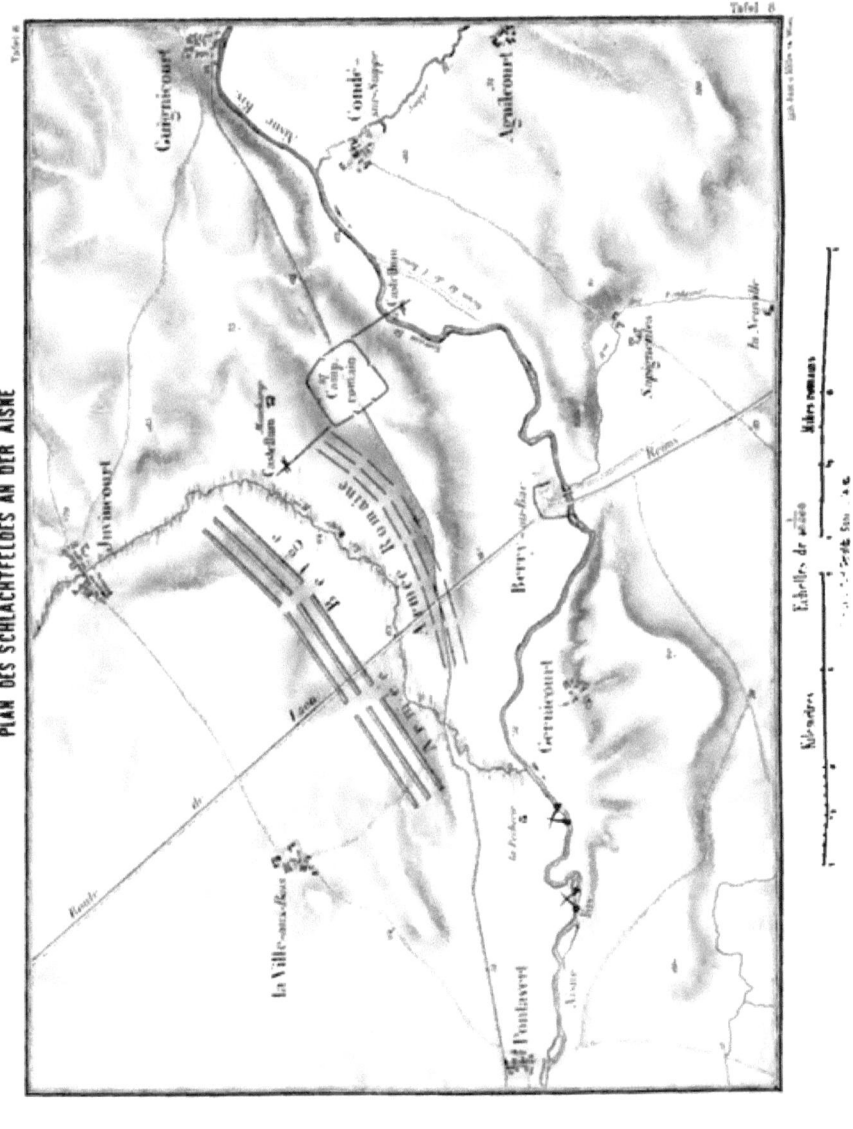

PLAN DES SCHLACHTFELDES AN DER AISNE

UEBERSICHTSKARTE DES FELDZUGES VOM JAHRE 697.

Tafel 7

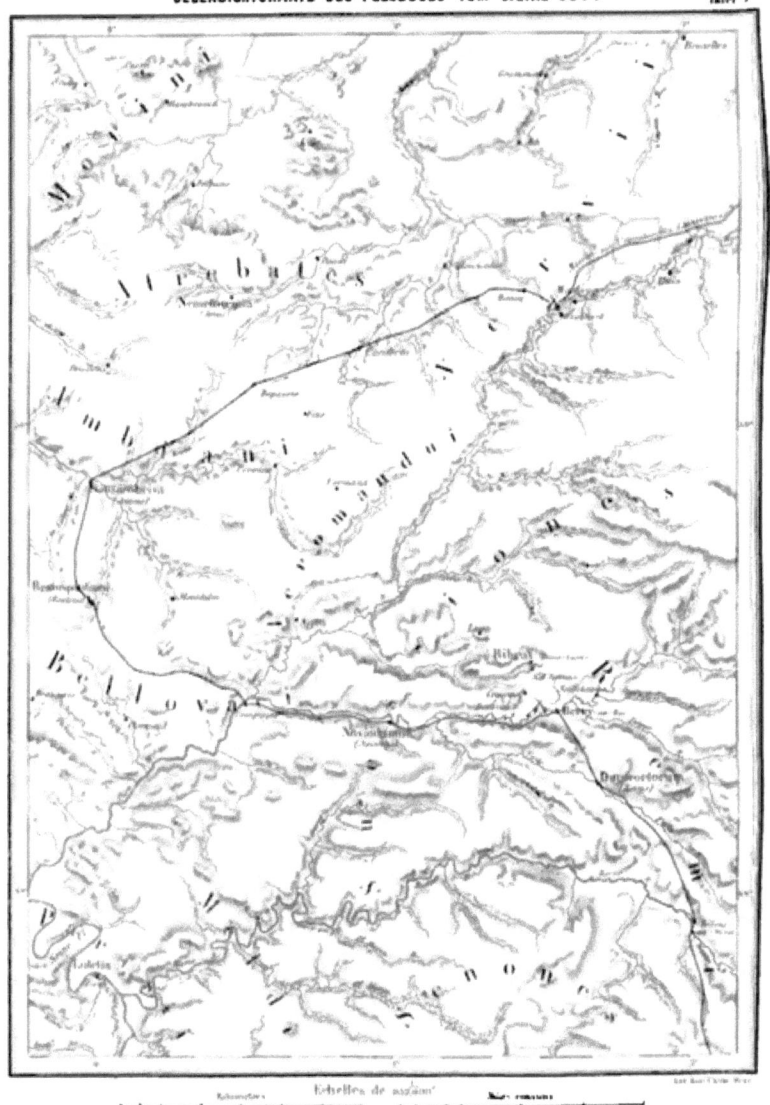

PLAN DES SCHLACHTFELDES IM KRIEGE GEGEN ARIOVIST.

PLAN DES SCHLACHTFELDES IM KRIEGE GEGEN DIE HELVETER. Tafel 3

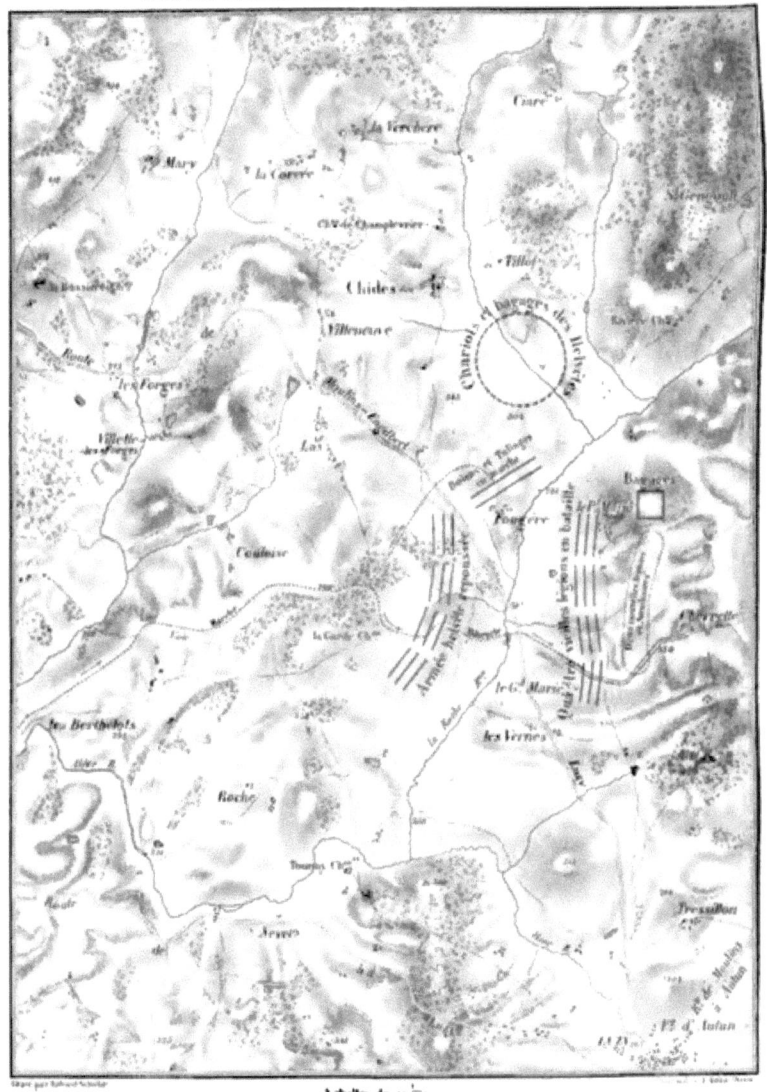

UEBERSICHTSKARTE DES FELDZUGES VOM JAHRE 696. Tafel 4

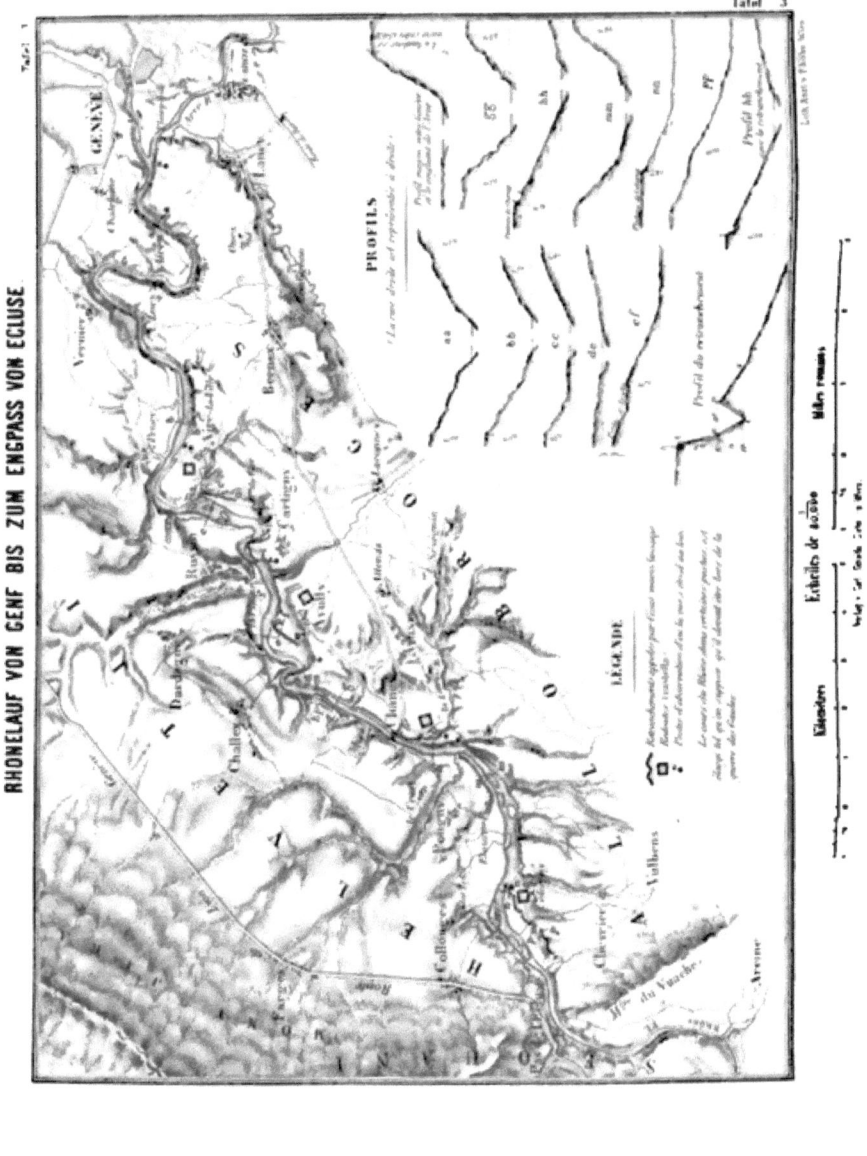

ÜBERSICHTSKARTE DER GALLISCHEN

VÖLKERSCHAFTEN ZU CÄSARS ZEIT

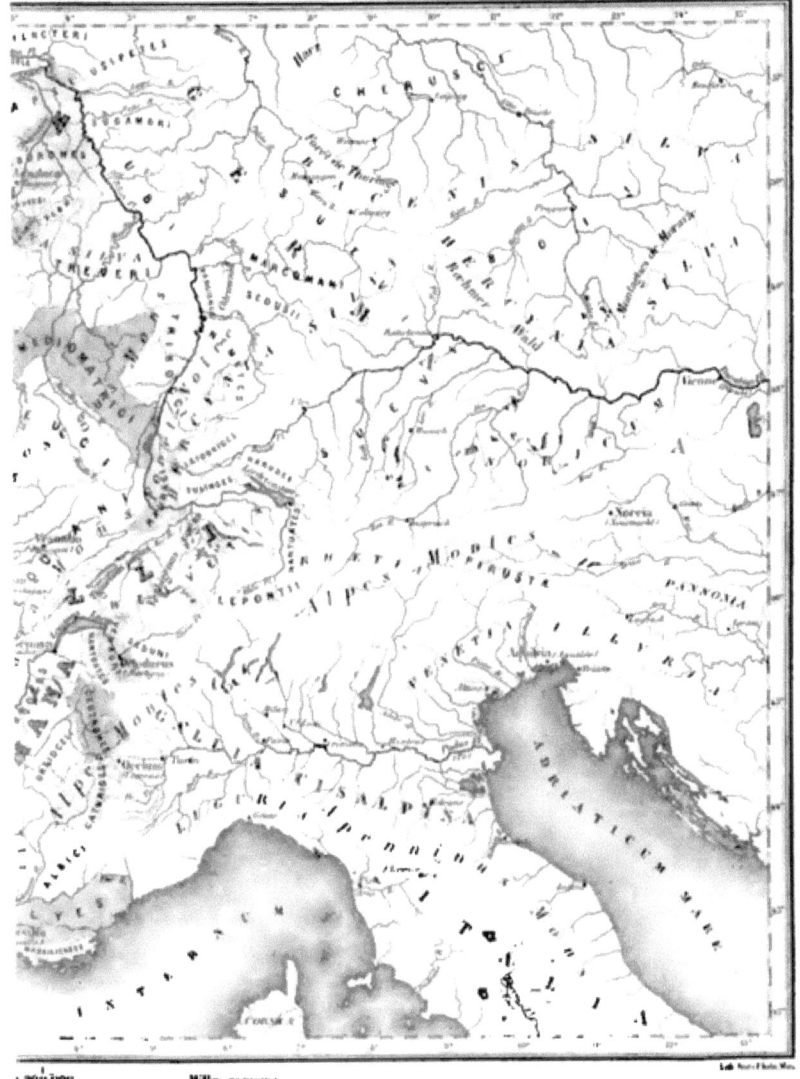